MUGABE COMEDY CLUB

Steve Mandico

1

INTRODUCTION

5

Robert Gabriel Mugabe (21 février 1924 - 6 septembre 2019) était un révolutionnaire et homme politique zimbabwéen qui a été Premier ministre du Zimbabwe de 1980 à 1987, puis Président de 1987 à 2017. Il a été le chef de l'Union nationale africaine du Zimbabwe (ZANU) de 1975 à 1980 et a dirigé le parti politique qui lui a succédé, le ZANU - Front patriotique (ZANU-PF), de 1980 à 2017. Idéologiquement nationaliste africain, pendant les années 1970 et 1980, il s'identifie comme marxiste-léniniste, puis comme socialiste après les années 1990.

Les déclarations attribuées au président zimbabwéen, Robert Mugabe font régulièrement le buzz sur les réseaux sociaux. Fausses ou vraies, ces citations parfois insultantes ne manquent pas d'enflammer la toile. Voici une dose de bonne humeur avec les meilleures de ces citations qui continuent d'enflammer la toile.

Mugabe
Comedy
Club

"Si un homme marié se sent attiré par les filles d'école, qu'il achète un uniforme d'école à sa femme et son problème "

"Il faut respecter les femmes enceintes car ce n'est pas facile de se promener avec la preuve d'avoir couché avec un homme."

"Les femmes qui se rasent les sourcils et les dessinent au crayon ne devraient pas demander de l'argent pour faire leurs cheveux. Elles peuvent très bien se raser les cheveux et dessiner au crayon la coiffure de leur choix..."

> "On ne peut pas peindre du blanc sur du blanc, du noir sur du noir. Chacun a besoin de l'autre pour se révéler."

> "Si vous êtes laides, vous êtes laides. Cessez de parler de beauté intérieure. Les hommes ne marchent pas avec des lunettes à rayons X "

"C'est dur d'ensorceler une fille africaine de nos jours. Chaque fois que tu amènes un bout de ses cheveux à un sorcier, c'est une brésilienne innocente qui devient folle, ou alors une usine en Chine qui prend feu"

"Nous vivons dans une génération ou des amoureux peuvent se toucher les parties intimes mais n'ont pas le droit de toucher le téléphone de l'autre parce c'est trop intime"

"Même Satan n'est pas homos*xuel. La preuve, il a préféré aller vers Eve plutôt que d'aller vers Adam"

"Quand vous faites l'amour avec une fille d'une autre nationalité, faites-le très bien car vous représentez tout un pays"

"Un journaliste lui demande : Quand comptez-vous dire au revoir à votre peuple ? Mugabe : Au revoir ? Ils vont où ?"

"Mes sœurs, il ne faut jamais être déçues par un homme qui ne vous dit "Je t'aime" que lorsqu'il pleut. Rassurez-vous, vous n'êtes pas des parapluies."

"Si vous voulez changer le monde, faites-le maintenant quand vous êtes encore célibataire car lorsque vous serez mariés, vous ne pourrez même plus changer de chaines sur votre téléviseur"

"Rien n'est plus troublant pour une femme que d'être dans une relation avec un homme fauché mais très bon au lit"

"

"Les femmes qui se rasent les sourcils et les dessinent au crayon ne devraient pas demander de l'argent pour faire leur cheveux. Elles peuvent très bien se raser les cheveux et dessiner au crayon la coiffure de leur choix."

"

"L'avantage avec la femme africaine est que quand elle décide de partir, tu as encore deux ans pour la reconquérir."

”

"Si un homme marié se sent attiré par les filles d'école, qu'il achete un uniforme d'école à sa femme et son probleme est résolu !"

”

"Les condoléances ne ressuscitent pas le défunt mais elles entretiennent la confiance entre ceux qui restent."

“Ils ont fait les pneus des
véhicules en noir, peint le
diable en noir … Mais tant
que le papier hygiénique est
bien blanc et que je m’essuie
le c*l avec lorsque je vais
aux chiottes, alors je m’en
réjouis”

“Certaines d’entre vous, les
femmes, ne peuvent même
pas faire du jogging pendant
5 minutes, mais s’attendent
à ce qu’un homme ait une
performance de 2 heures
dans le lit?
Votre niveau d’égoïsme exige
une croisade d’une semaine”

"Les voisins diront toujours qu'ils ont vu la fille que tu as ramené la nuit dernière ... Mais ils ne verront jamais le voleur qui est entré dans la maison en plein jour."

"Si ça avait été des chinois dans le jardin d'Eden ils auraient mangé le serpent plutôt que la pomme ! Des Noirs auraient tué le serpent, mis dans une bouteille et mettre l'alcool dessus. Mais les Blancs aiment trop les fruits exotiques.
Résultat : ils ont mangé la pomme."

> "Si vous êtes laids vous êtes laids !!!!! Cessons de parler de beauté intérieure car on ne marche pas avec des rayons X"

> "Journaliste : pas de s*xe avant le mariage, que pensez-vous de cela Mr le Président ?
> Robert Mugabé : si c'était véritablement le plan de Dieu, tu recevrais ton p*nis ou ton v*gin le jour de ton marriage"

"Quand vous faites l'amour avec une fille d'une autre nationalité, faites le très bien car vous représentez tout un pays!"

"Certains hommes aiment tellement leur femme que pour ne pas l'user ils se servent de celles des autres"

"Traitez bien chaque partie de votre serviette. Parce que la partie qui essuie vos f*sses aujourd'hui essuyera votre visage demain."

"C'est dur d'ensorceler une fille africaine de nos jours. Chaque fois que tu amènes un bout de ses cheveux chez le sorcier, c'est une brésilienne innocente qui devient folle, ou alors une usine en Chine qui prend feu."

Il y a des hommes, qui sont tellement avares que toutes leurs causeries tournent autour de la pauvreté, pour ne même pas que tu fasses l'erreur de leur demander de l'argent un jour"

"Nous vivons dans une génération ou des amoureux peuvent se toucher les parties intimes mais n'ont pas le droit de toucher le téléphone de l'autre parce c'est trop intime."

"Si vous voulez changer le monde, faites le maintenant quand vous êtes encore célibataire car lorsque vous serez mariés, vous ne pourrez même plus changer de chaines sur votre téléviseur."

"

"Un pasteur n'est pas un exemple de charité s'il met un mot de passe sur le Wifi de l'église"

"

"Je serai là si vous avez besoin de moi. Je le resterai jusqu'à ce que Dieu me rappelle. Jusqu'à ce jour vienne, j'aurai du punch. "

"

"Même si Dieu décide d'inviter tous les humains au ciel en les appelant sur leurs téléphones, il y aura toujours des filles qui demanderont: Qui t'a donné mon numéro"?

Merci Pour Votre Lecture